Wilhelm Schmid

Von der Kraft der Berührung

Insel Verlag

Insel-Bücherei Nr. 2522

Inhalt

Vorwort

Welche Bedeutung Berührung für Menschen haben kann, wurde mir erst so richtig bewusst, als ich zeitweilig als Philosoph in einem Krankenhaus arbeitete und viele Gespräche führte. Dabei fiel mir auf, dass beispielsweise ältere Menschen, an deren Bett ich saß, meine Hand, die ich ihnen reichte, nicht mehr loslassen wollten. Oder ich bemerkte, dass Ärzte mehr Vertrautheit mit Patienten gewannen, wenn sie ihnen die Hand auf den Oberarm legten. Und bei vielen alltäglichen Begegnungen war die Nähe oder Distanz zwischen Menschen daran erkennbar, in welchem Maße sie zur Berührung bereit waren, sei es in Form eines Handschlags oder einer Umarmung zur Begrüßung. Alle diese Erfahrungen ließen die Idee in mir reifen, das Phänomen der Berührung einmal eingehender zu betrachten.

Menschen sehen, hören, riechen, schmecken

mit einiger Selbstverständlichkeit. Aber was ist mit dem Tastsinn, was ist mit der Berührung? Als Berührungskulturen sind nördliche Länder bisher nicht hervorgetreten, solche Kulturen sind eher unter südlicher Sonne zu finden. Welche Folgen der Entzug hat, lässt sich erahnen, wenn willkommene Berührungen zur kraftvollen Erfahrung werden: Das habe ich mir bisher entgehen lassen? Ja, Berührung kann sehr lustvoll sein. Umso schmerzlicher, wenn sie vermisst wird. Ist denn zu erwarten, dass sich daran kulturell etwas ändert? Gemessen an der Berührungsfeindlichkeit früherer Zeiten ist bereits viel geschehen. Aber eine neue Abstinenz scheint sich mit dem Gebrauch neuer Techniken auszubreiten. In Beziehungen ist manche und mancher versucht, dem Anderen beim unablässigen Blick auf den *Touchscreen* zuzurufen: »Schau *mich* an! *Touch* mich mal!«

Auf überraschende Weise rückt die Berührung damit mehr als je zuvor in den Fokus. Gerade in einer Zeit, in der Dinge und Beziehungen forciert digitalisiert werden, wird das Analoge, Anfassbare wieder interessant. Die digitale Entsinnlichung führt zur Wiederentdeckung der Sinnlichkeit abseits der Geräte. Das Tupfen und Wischen auf leblosen Bildschirmen weckt das Bedürfnis nach dem Berühren und Streicheln lebhafter Anderer. Eine wachsende Zahl von Menschen lernt erneut oder beginnt erstmals, ein sinnenfrohes Leben zu führen. Kaum eine Strategie ist besser geeignet, Probleme im Umgang mit der Digitalisierung im eigenen Leben aufzufangen: Wer analogen Lüsten frönt, braucht kein digitales Detox mehr.

Wer analogen Lüsten frönt, braucht kein digitales Detox mehr.

Jede und jeder kann diese Erfahrung machen: Die Kraft der Berührung ist federleicht und zugleich äußerst wirksam, denn sie verleiht neuen Lebensmut. Sie ist unsichtbar und dennoch gut wahrnehmbar, sobald die Augen vor Freude aufleuchten. Mehr Gelassenheit ist mit ihr zu erlangen. Was schwer auf einem lastet, wird erträglicher. In einer berührungsstarken Beziehung fühlen zwei sich anhaltend miteinander verbunden. Mit erwünschten Berührungen werden Energien frei, die sich so produktiv auswirken, dass sie unverzichtbar für ein erfülltes Leben sind. Daher ist die Sehnsucht nach Berührung bei vielen so groß.

Konterkariert wird diese Seite der Erfahrung von einer ebenso deutlichen Scheu oder gar Abscheu vor unerwünschten Berührungen. Sie blockieren Kräfte und rauben einem Menschen Energien, die nicht so ohne weiteres wiederzugewinnen sind. Wenn von der Kraft der Berührung die Rede ist, kann es daher nicht nur um positive Aspekte wie Anregung, Ermutigung, Bestärkung und Verbindung mit Anderen gehen. Die Kraft der Berührung kann auch eine negative sein, die Menschen bedrückt, niederdrückt und demütigt. Die Nötigung zur Berührung ist ein Akt der Gewalt. Welches Ausmaß unerwünschte, übergriffige und gewaltsame Berührungen haben, führte die 2018 weltweit einsetzende Debatte über *MeToo* drastisch vor Augen, bei der vor allem Frauen bekannten: Auch mir ist das widerfahren. Auch aus diesem Grund wird Berührung nun zu einem Thema, das unter den Nägeln brennt.

Es wäre jedoch fatal, aufgrund der Möglichkeit

unerwünschter Berührung jegliche Berührung unter Verdacht zu stellen. Vielversprechender erscheint, mehr Sensibilität für Berührungen zu entwickeln. Hilfreich auf diesem Weg ist es, sich selbst zu beobachten: Wie fühle ich mich, wenn ich einen Anderen berühren kann, der mir sympathisch ist oder den ich liebe? Wie geht es mir, wenn ich selbst berührt werde? Und wie, wenn mir die Berührung nicht willkommen ist? Oder wenn sie mir ganz im Gegenteil fehlt? Mit dem genaueren Hinsehen und Hinfühlen wird mehr Bewusstheit beim eigenen Umgang mit Berührung möglich.

Berührungen können Beziehungen begründen und bewahren. Sie können einen hinreißen und geradezu überwältigen: Es tut so gut, mehr davon! Es handelt sich um eine subtile Macht, die so angenehm ist, dass sie kaum als solche wahrgenommen wird. Auf der anderen Seite haben Berührungen die Macht, Beziehungen zu zersetzen und schließlich zu zerstören, wenn sie nicht willkommen sind oder unmäßig ausfallen – oder wenn ihr Ausbleiben Verbitterung hervorruft. Eine Ausübung von Macht ist auch die Verweigerung von Berührung, die nicht nur absichtsvoll, sondern auch absichtslos geschieht. Berührung im richtigen Maß kann Beziehungen erfüllen, ein Zuviel oder Zuwenig aber entleert sie. Um das rechte Maß zu finden, wären Fragen zu beantworten wie: Wann ist welche Berührung angebracht, bei wem, von wem, mit welchen Entbehrungen, wenn es zu wenig ist, mit welchen Grenzen, wenn es zu viel wird?

Um der Bedeutung der Berührung gerecht zu werden, bedürfte es einer *Kunst der Berührung* im Leben jedes Einzelnen. Die Lebenskunst besteht aus vielen Einzelkünsten, die jeweils ihren Teil zu einem schönen, bejahenswerten Leben beisteuern. Dazu zählen sinnliche Künste wie die des Schauens, Hörens, Riechens, Schmeckens und eben auch des Berührens sowie soziale Künste wie die des Gesprächs, des Schenkens, der Pflege von Liebe, Freundschaft und Kollegialität. Jede Kunst entsteht am Schnittpunkt von Praxis und ihrer Reflexion und ist angewiesen auf ein Wissen und Können. Das Können lässt sich mit einem geduldigen Sichüben und praktischen Erfahrungen erwerben. Das Wissen resultiert aus den gemachten Erfahrungen, dem Austausch mit Anderen, der Aufnahme von Informationen und dem immer neuen Nachdenken darüber, wie die Praxis zu verbessern und zu verfeinern ist. Jede und jeder kann auf diese Weise zur Künstlerin und zum Künstler werden.*

Die Wiederentdeckung der Berührung und das wechselseitige Berührungsspiel mit Anderen geben dem Leben bereits auf der sinnlichen Ebene viel Sinn. Aber die Berührung geht über den körperlichen Aspekt noch weit hinaus. Von einem *berührenden Moment* ist die Rede, wenn die Seele von Gefühlen berührt wird, und in besonderem Maße ist diese seelische Berührung zwischen Freunden und Liebenden erfahrbar. Auch geistig geschieht Berührung, wenn Menschen sich im Gespräch oder in Büchern von Gedanken berühren lassen und Andere mit ih-

---

* Um allzu dominante Gender*sternchen zu vermeiden, sind bei der Nennung eines Geschlechts in diesem Buch stets andere Geschlechter mit gemeint.

ren Gedanken berühren. Darüber hinaus können sie transzendente Berührungen erleben, die mit einer Religiosität oder Spiritualität einhergehen. Auf die unterschiedlichen Arten von Berührung aufmerksam zu sein und sich auf jede Weise an der Einübung einer Kunst der Berührung zu versuchen: Dazu will dieses kleine Buch anregen, damit in der Epoche vieler Empfindlichkeiten wieder ein wenig Empfindsamkeit entsteht, eine Empfänglichkeit für Berührungen.

1.
Von der Bedeutung der Berührung für das Leben

Welche Aspekte der Berührung bedeutsam sind, ist schon auf der körperlichen Ebene erkennbar: Das Betasten der fünf Millionen Nervenenden der Haut wirkt belebend. Es aktiviert die Energien eines Menschen, und zwar bei wechselseitiger Berührung weit mehr noch als bei bloßer Selbstberührung. Es ist das Berühren eines Anderen und das Berührtwerden durch ihn oder sie, wodurch ein Mensch sich spüren und zu sich selbst in Beziehung setzen kann. Immer in den Grenzen, die Berührung von Übergriffigkeit trennt.

Vor der Geburt sind es das Fruchtwasser und die Kontraktionen des Uterus, die das heranwachsende Wesen im Mutterleib ohne Unterlass mit Berührung umhüllen. Die Geburt selbst ist eine berührende Erfahrung in jeder Hinsicht. Von da an ist die Berührung von solcher Bedeutung, dass Säuglinge mit viel Hautkontakt sich wacher und aktiver zeigen, auch schneller an Gewicht zulegen als diejenigen, denen das nicht vergönnt ist. Was für dramatische Folgen das Vorenthalten von Berührung, die *Deprivation* (im Wortsinne einer »Beraubung«), haben kann, kam nach dem Zusammenbruch des kommunistischen Systems in Waisenhäusern etwa in Rumänien oder Kirgisien ans Licht, wo diese Kinder als nutzlose Kostgänger galten.

Aber auch im Westen war in so genannten Findelhäusern noch zu Anfang des 20. Jahrhunderts aus Gründen der Sterilität und Hygiene und wohl auch aufgrund einer Körperfeindlichkeit, die einstmals zur christlichen Kultur gehörte, Berührung mehr oder weniger konsequent vermieden worden. Der Mangel daran konnte für Säuglinge tödlich sein. Das kam zu Bewusstsein, als in einem dieser Häuser häufig eine freundliche ältere Frau zu Gast war, die die Kleinsten für eine Weile auf ihren Armen herumtrug. Man ließ sie gewähren und bemerkte allmählich, dass diese Kinder bessere Fortschritte machten und gesünder heranwuchsen als andere.

Erst gegen Ende des 20. Jahrhunderts wurden die komplexen biochemischen Wirkungsketten entdeckt, die durch Berührung in Gang gesetzt werden. Sie sind maßgeblich am Aufbau des *Immunsystems* beteiligt, ohne das die Kinder jedem beliebigen Infekt schutzlos ausgeliefert sind. Gewöhnlich kommen in einer Familie die lebensnotwendigen Berührungen ganz von selbst zustande. Die Eltern und andere Bezugspersonen streicheln und massieren das Baby und tragen es herum. Hand in Hand mit dem körperlichen Effekt entsteht dabei eine engere seelische Bindung. Kinder und Heranwachsende kann es trösten und heilen, bei Kummer oder kleineren Verletzungen in den Arm genommen zu werden. Erst mit der Pubertät geht das Berührungsspiel auf Freunde, Freundinnen und Liebespartner über, aber gerade dann können diejenigen das Spiel am besten spielen, die schon als Kinder viel Berührung erfahren haben.

Das ganze Leben hindurch bleibt die Berührung von Bedeutung. Sie ist ein Element der Gesundheit und des Wohlbefindens, das demjenigen Sinn zu verdanken ist, der durch die Haut geht und beim Tupfen und Wischen auf *Displays* nicht zu seiner vollen Entfaltung gelangt. Auch bei Erwachsenen stärkt Berührung das Immunsystem, das ein Bollwerk gegen Erkrankungen aller Art darstellt, tatsächlich auch gegen Krebserkrankungen.

Die Magie der Berührung ist in der Kulturgeschichte wohlbekannt, in alten Heilkünsten spielt sie eine große Rolle. Aber nicht nur historische Berichte legen Zeugnis davon ab, welche heilende Wirkung Händen und dem Handauflegen eigen ist. Alle Menschen kennen die beglückende, beruhigende Wirkung einer streichelnden Hand und die leidvolle Erfahrung ihres Fehlens. Und so käme es darauf an, auf die Grundversorgung zu achten und sich um möglichst berührungsintensive Beziehungen zu bemühen. Ersatzweise können professionelle Körpertherapien in Anspruch genommen werden. Auch Kuschelpartys bewahren Menschen davor, »unterkuschelt« zu bleiben. Kaffee allein, diese Umarmung in Gestalt einer Tasse (*a hug in a mug*), wird das nicht leisten können.

So groß ist die Bedeutung der Berührung, dass sie geradezu als *anthropologisch* bezeichnet werden kann: Das Menschsein hängt davon ab. Diese Erfahrung ist tief im Leben jedes Einzelnen verankert: Wenn ich berühre und berührt werde, sinnlich, seelisch, geistig und womöglich auch transzendent, lebe ich. Ohne Berührung spüre ich das Leben nicht. Im Kontrast zum berühmten »Ich denke, also bin ich«, *Cogito ergo sum*, worin René Descartes am Beginn der Neuzeit im 17. Jahrhundert den Kern des Menschseins sah, müsste es eher heißen: »Ich berühre, ich werde berührt, also bin ich«, *Tango tangor ergo sum*.

> Alle Menschen kennen die beglückende, beruhigende Wirkung einer streichelnden Hand und die leidvolle Erfahrung ihres Fehlens.

Anders als beim Cogito, das allein vom Ich

spricht, das denkt, kommt bei der Berührung von vornherein das Berührt*werden* ins Spiel, zusätzlich zum Ich also der Andere, von dem das Ich berührt wird. Das erlaubt ihm, die bedrückende Isolation in sich selbst zu überwinden, sodass es mit neuer Kraft und Lebensfreude die Fülle des Menschseins erkundet. Außergewöhnliche Erfahrungen können damit einhergehen. Berührungen erzeugen eine Sinnfülle bereits dadurch, dass sie die Sinnlichkeit aktivieren, die das Ich mit Anderen und aller Welt verbindet. Das Bedürfnis danach kann eine Triebfeder für Erotik und Sex sein und ist am ehesten zu stillen, wenn es sich dabei nicht nur um äußerliche Verrichtungen handelt. Wenn aber jede Berührung wegfällt, ausbleibt und verweigert wird, kann eine schreckliche Sinnleere die Folge sein. Ich spüre das Leben nicht mehr, der weite Raum der Seele geht verloren.

Es ist eine Kunst, Berührung herbeizuführen, eine weitere Kunst aber, sie geschehen zu lassen. Wenn der jeweils Andere die Initiative dazu nicht abweist, sondern sie zumindest passiv annimmt, vielleicht sogar aktiv beantwortet, kommt eine intimere Beziehung zustande. Dann kann das Glück der Berührung die Beteiligten durchströmen. Zauberhaft und erfüllend ist die sanfte Macht der Berührung, wenn sich Haut an Haut schmiegt und die Aktivität des Berührens mit der Passivität des Berührtwerdens verschmilzt, ein Verschmelzen von Selbst und Anderem. Das ist bei Umarmungen zu erfahren, aber auch beim Tanz, beispielhaft bei jenem Tanz, der *Tango* genannt wird: »Ich berühre, ich betaste, ich fasse an.«

Die mögliche Nähe zwischen zwei Menschen bestimmt häufig ohne ihr Wissen, aber mit größter Selbstverständlichkeit über ihre Beziehung, und dies nicht nur körperlich, sondern auch *seelisch*. Im Seelischen wird ein Mensch etwa durch den Charme berührt, den der Andere ausstrahlt. Ohne Ausstrahlung keine Berührung. Die Ausstrahlung ist die Sprache der Seele, Seele verstanden als energetische Verdichtung, die den Körper zeitlebens trägt, aber nicht an ihn gebunden ist. In Gefühlen sind diese Energien erfahrbar, die nicht der Endlichkeit unterliegen, da sie wie alle Energien unendlich wandelbar sind. In enger Beziehung dazu zu bleiben, ist ein Garant dafür, das Leben intensiv zu spüren.

Die Energien ermöglichen ein berührendes Gefühlsleben. In ihnen kommt »die Wahrheit der Herzen« zum Ausdruck, insbesondere in der Verbundenheit mit dem Anderen, der die Gefühle zumindest gelegentlich in Wallung bringt, auf welche Weise auch immer. Wichtig wäre ebenso die Wahl einer Tätigkeit, zumindest aber die Wahl der *Haltung* zu einer Tätigkeit, die das »Herz«, nämlich das Gefühlsleben, nicht kaltlässt. Sollten die Gefühle fehlen oder zu schwach ausfallen, können sie hervorgerufen oder gestärkt werden. Dazu dienen körperliche Berührungen, die seelische Energien aufleben lassen, aber auch das Hören von Musik, das Lesen von Büchern oder Blogs, das »Mitgehen« bei kulturellen und sportlichen Events.

Umgekehrt kann es sinnvoll sein, bedrohlich werdende Gefühle abzuschwächen, etwa durch einen Moment der Besinnung inmitten einer Aufwallung von Wut. Im Zeitalter des Positivdenkens sind viele daran interessiert, Grenzzäune und

Schutzmauern gegen die Energie negativer Gefühle zu errichten. Aber auch sie sollten als Bestandteile des Lebens akzeptiert werden, wenngleich nur bis zu dem Punkt, an dem sie für das Selbst und Andere zerstörerisch zu werden beginnen.

Über das Körperliche und Seelische hinaus ist für das menschliche Leben ein *geistiges* Berühren und Berührtwerden von Belang. Berührungen durch Gedanken, Traumbilder, Ahnungen, Ideen und Phantasien wirken auf Körper und Seele zurück, ebenso Berührungen in digitalen Räumen, die keine Körperlichkeit kennen. Wie das Seelische kann auch das Geistige als Verdichtung von Energien verstanden werden, die keiner Endlichkeit unterliegen, sodass es ein Leben des Geistes geben kann, das nicht vom Tod tangiert wird. Wie sonst wäre erklärbar, dass Gedanken längst verstorbener Geister wie Sokrates, Platon, Aristoteles, Epikur, Seneca und zahlloser Anderer selbst nach endlos langen Zeiten noch Menschen berühren können? In diesem Fluidum von unabsehbarer Erstreckung im Raum und in der Zeit ist geistige Weite erfahrbar.

Die äußerste Berührung ist letztlich diejenige, die mit einem gefühlten, gedachten und womöglich wirklich erlebten Überschreiten der menschlichen Endlichkeit einhergeht, um sich von einer unendlichen Dimension, einer *Transzendenz*, im Innersten berühren zu lassen. Davon, welche Bedeutung diese Berührung für Menschen hat, erzählt die Geschichte der Religionen. Mit Religion ist dabei nicht in erster Linie eine bestimmte Glaubensgemeinschaft oder Kirche gemeint, sondern das religiöse Phänomen selbst, der Rückbezug (»ich binde mich zurück«, *religo* im Lateinischen) auf etwas, das für wesentlich gehalten wird.

Dauerhaft, unzerstörbar und in diesem Sinne wesentlich können Körper nicht sein, denn sie zerfallen irgendwann wieder in die Moleküle und Atome, aus denen sie aufgebaut sind. Dauerhaft ist vielmehr die Gesamtheit der Energien, die alles Leben und alle Welt, auch das einzelne Ich und seinen Körper durchdringen. In den unterschiedlichsten Kulturen werden sie als göttlich, Gott oder Weltseele bezeichnet, aber entscheidend ist nicht die Benennung, sondern die Berührung dieser Transzendenz im Sinnlichen und im Fühlen und Denken, sodass das Ich von den Energien durchströmt werden kann. Bei manchen religiösen Handlungen stellt eine körperliche Berührung den Bezug zur Transzendenz her.

Als Michelangelo bei der Ausmalung der Sixtinischen Kapelle dem Geschehen eine konkrete Gestalt zu geben versuchte, gelang ihm ein eindrückliches Bild für die Berührung des endlichen Menschen durch das unendliche Sein, das Berührtwerden Adams durch die göttliche Energie. Von Fingerspitze zu Fingerspitze scheint der Funke überzuspringen, der Adam belebt. Oder ist es Adam, der durch seine Berührung die göttliche Energie zum Leben erweckt?

Sich für den transzendenten Raum zu öffnen, legt den Zugang zu dieser unerschöpflichen Kraft frei, sodass sie zur Quelle eines sinnerfüllten Lebens werden kann. Mit dieser Öffnung wird das Ich durchlässiger und die Bewältigung von Lebensproblemen leichter, da Energien dem Menschen zur Verfügung stehen und er sich als Teil eines umfassenden Ganzen fühlen kann. Ein unendliches energetisches Sein über die individuelle Endlichkeit hinaus anzunehmen, befreit zudem davon, das angeblich einzige Leben mit zu vielen Ansprüchen und Projekten zu überfrachten. Was in diesem Leben nicht zu verwirklichen ist, kann einem möglichen anderen, immer wieder anderen und auf diese Weise ewigen Leben anvertraut werden. Zumindest kann das so gesehen werden. Es nicht so zu sehen, könnte zur Folge haben, aufgrund zeitlicher Verengung mit mehr Lebensstress fertigwerden zu müssen.

Nur der Einzelne selbst kann darüber entscheiden, ob und in welcher Weise er oder sie sich solche Zusammenhänge vergegenwärtigen will. Nicht die endgültige Wahrheit, die kein Mensch kennt, ist hier maßgebend, sondern die angenommene *Lebenswahrheit*, der ein Mensch letzten Endes sein Leben anvertraut. Manche mögen das für *eklektizistisch* halten, dem Wortsinn zufolge für »wählerisch«. Was ihnen als Beliebigkeit erscheint, resultiert aber aus einer bewussten Wahl. Die müssen die Ankläger der Beliebigkeit ebenfalls treffen, aber sie kaschieren das, indem sie ihrer eigenen wählerischen Lebenswahrheit die einzige Wahrheit zuschreiben. Die Heftigkeit der Energien, mit der die jeweilige Wahrheit vertreten wird, zeugt von der Innigkeit der Berührung, die bei Fragen der Transzendenz im Spiel ist.

Mir genügt ein Blick in den nächtlichen Himmel, um mich von der Unendlichkeit der Energie, die den Kosmos erfüllt, berühren zu lassen: Wie viele Sterne sind zu sehen? Wie weit sind sie entfernt? Was hält sie auf ihrer Bahn? Unvorstellbare Größenordnungen verschwimmen vor meinen Augen. Ich bin nur ein Tröpfchen in diesem Meer, nicht mehr und nicht weniger, auf jeden Fall nicht nichts. Mein Leben ist in enorme Dimensionen eingebettet, was auch immer geschehen mag. So kann ich jedenfalls denken und fühlen, niemand kann mir das nehmen. Von diesem weitestmöglichen Horizont kann ich dann wieder zurückkehren auf den Boden, dessen Berührung mich im wahrsten Sinne des Wortes wieder *erdet*, nämlich der Erde näher bringt und gelassener macht.

2.
Den Boden berühren: Jetzt mal tief durchatmen

Jede körperliche Übung ist eine Erholung für das Selbst. Es wird für einen Moment befreit von den Mühen des ständig im Denken sich selbst kommentierenden Lebens. So wohltuend kann das sein, dass sich erneut eine Abwandlung der cartesianischen Hochschätzung des Denkens aufdrängt: *Ich bin Körper, also bin ich.* Der Körper ist mit all seiner Sinnlichkeit das Fundament der Existenz. Oder ist etwa ein körperloses Denken vorstellbar? Ist es nicht das Problem des Denkens, viel zu abgehoben, eben ganz oben im Körper stattzufinden? Es genügen einfache Übungen für den Denkenden, um für einen Moment die Vertikale zugunsten der Horizontalen aufzugeben und auch mal ganz unten, wirklich am Boden zu sein.

Die zugehörige Übung sieht vor, sich auf den

Boden zu legen und ihn mit dem ganzen Körper zu berühren, auf dem Rücken, auf dem Bauch, seitwärts, ausgestreckt, eingerollt. Die Kraft, die ansonsten für die aufrechte Haltung aufzubieten ist, steht jetzt uneingeschränkt der körperlichen, seelischen und geistigen Regeneration zur Verfügung. Die Muskeln, die damit betraut sind, den Körper im Lot und den Kopf hoch zu halten, nehmen dankbar die Pause im Kampf gegen die Schwerkraft an, auch das Zwerchfell atmet tief durch. Den Boden zu spüren und sich ihm anzuvertrauen, reduziert die Angst zu stürzen und zu fallen. Ein mögliches Scheitern verliert seinen Schrecken, denn es wird erfahrbar, wie es ist, unten zu sein. Unten ist immer ein Grund, der trägt, auch im Abgrund. Tiefer kann ein Mensch nicht fallen.

Die Horizontale ermöglicht wieder mehr Verbundenheit mit dem Leben. Liegend den Boden zu berühren, ist eine Erinnerung daran, wie das Leben begonnen worden ist. Irgendwann wird es in dieser Position wohl auch enden, sodass die körperliche Übung eine Gelegenheit ist, sich schon mal in den Gedanken an den Tod einzuüben. Das Liegen ist eine Einübung in die Passivität und vermittelt die notwendige Kontrasterfahrung zur vorwärts stürmenden Aktivität, die jedes Sich-Niederlegen als Niederlage empfindet. Wie erholsam das Darniederliegen sein kann, ist alltäglich beim Schlafengehen und gelegentlich beim Kranksein zu erleben. Dadurch, dass ich mich jetzt freiwillig niederlege, mache ich mich mit der Situation vertraut, mit der ich im Leben unfreiwillig ohnehin zu tun habe. Aus der Position der Ruhe heraus gewinne ich wieder an Boden, der Boden der Wohnung genügt dafür vollkommen. Der Boden unter mir und der Boden in mir: In solcher Doppelbödigkeit kann ich fortan neuen Lebenssinn finden.

> Liegend den Boden zu berühren, ist eine Erinnerung daran, wie das Leben begonnen worden ist.

Von unten herauf statt von oben herab zu blicken, verändert die Perspektive grundlegend. Die Fülle der Eindrücke verringert sich, sodass die Welt wieder überschaubarer wird. Die Anstrengung der Vorsicht, die ansonsten auf Schritt und Tritt ratsam ist, kann pausieren. Daher ist das Liegen so ausgleichend und heilsam. Wer liegt, stürmt nicht los, jedenfalls nicht plötzlich, schon weil die Schwerkraft, der er nachgegeben hat, ihn nicht umstandslos freigibt. Anders als aufrecht stehend und gehend wird der Mensch ein Anderer, spürbar weicher und zugänglicher. Aus diesem Grund ist das Liegen die bevorzugte Ebene zärtlicher Berührungen. Richtet sich die Hoffnung darauf, wieder kreativ und produktiv zu werden, ist mit der Berührung des Bodens ein Anfang dazu gemacht.

Zu verstärken ist der Effekt noch durch das tiefere Atmen. Mit jeder körperlichen Übung vertieft der Atem sich von selbst, auch mit dieser. Geatmet haben die Menschen schon immer, aber nicht immer auf dieselbe Weise. Für moderne Menschen ist das *Flachatmen* zur zweiten Natur geworden. Es hat das *Tiefatmen* abgelöst, das über Jahrhunderte und Jahrtausende von der Last körperlicher Anstrengung zeugte. Das Flachatmen vermindert die Sauerstoffzufuhr, eine Gefahr für Gesundheit und Denkfähigkeit, aber es kann leicht Abhilfe geschaffen werden. Bereits Friedrich Nietzsche riet dazu, mit einfachen Übungen andere Gewohnheiten zu schaffen, die dazu führen, quasiautomatisch tief einzuatmen, und dies »womöglich platt am Boden liegend« (*Morgenröthe*, 1881, Aphorismus 462).

Was Menschen davon abhält, ist nur die gewohnte Wahrnehmung, die oft wesentliche Zusammenhänge verkennt. Viele nehmen das Atmen als einen körperlichen Vorgang neben anderen wahr, nichts Besonderes, auch wenn es in Wahrheit die Voraussetzung für sämtliche Körperfunktionen ist. Vergangene Kulturen bewahrten in ihren Ausdrücken für den Atem, griechisch *pneuma*, lateinisch *anima* und *spiritus*, eine Auffassung von der Bedeutung des Vorgangs. Über das Körperliche hinaus ließen sie die seelische, geistige und transzendente Dimension des Atmens anklingen, das Durchströmtwerden vom »Lebenshauch«, dem die Macht über Leben und Tod innewohnt, mit Rückbezug auf einen ursprünglichen »göttlichen Hauch«. Nicht von ungefähr spielt der Atem, *prāna*, in der indischen Lebenskunst des Yoga eine zentrale Rolle. Rücken diese Aspekte stärker ins Bewusstsein, wächst die Bereitschaft zu Veränderungen. Mithilfe körperlicher Übungen.

Die Übung der Bodenberührung, die zum tieferen Atmen führt, vertieft auch das Verständnis der Zusammenhänge, auf die Menschen existenziell angewiesen sind. Der Atem, der den ganzen Körper belebt, macht durch die innere Berührung das Fluidum spürbar, das von außen kommt. Nüchtern betrachtet handelt es sich beim Ein- und Ausatmen um einen Gasaustausch. Mit der Aufnahme von Sauerstoff und der Abgabe von Kohlendioxid berührt jeder Mensch mit jedem Atemzug die Atmosphäre und wird von ihr berührt. Es ist eine wechselseitige Durchdringung von innerer Ökologie des Körpers und äußerer Ökologie des Planeten. Daher kann es nicht egal sein, wie die Luft, die Menschen einatmen, beschaffen ist. Aus guten Gründen reagieren sie sehr empfindlich auf Nachrichten, in welchem Ausmaß Schadstoffe wie Stickoxide, Schwefeldioxid, Fein- und Feinststaube die Atemluft belasten. Das Atmen einstellen können sie nicht.

Mit vielerlei Übungen ist es möglich, den Boden zu berühren und sich daran zu gewöhnen, tiefer zu atmen. Für den Einzelnen kommt es darauf an, für sich herauszufinden, welche Übung am besten zu ihm passt. Nach ihrer Eingliederung in das alltägliche Leben kann er sich ohne große Anstrengung wieder dem Eigenrhythmus der Gewohnheiten überlassen. »Mit langem Atem« zu leben, zu lieben und zu arbeiten heißt fortan, auf die Erneuerung der Kräfte zu vertrauen, die sich mit dem tieferen Atmen vollzieht und über längere Zeitspannen hinweg eine Kontinuität ermöglicht. Alle Asketik des Atmens mündet in die Gelassenheit einer Lebenshaltung, in deren Selbstverständlichkeit das Selbst sich geborgen fühlt. So gestärkt, kann es das alltägliche Theater der Existenz besser bewältigen.

3.
Sich selbst berühren: Die Sinnlichkeit des Selbst

Nichts anderes als die Aufführung eines Theaterstücks ist Tag für Tag die Teilhabe eines Menschen am sozialen Leben. Der Körper und seine Berührung spielt dabei eine größere Rolle, als gemeinhin bewusst ist, und dies vor aller Begegnung mit Anderen auch schon beim Umgang des Einzelnen mit sich selbst. Das körperliche Ich hat seinen Auftritt als Schauspieler auf der Bühne des Ich-Bewusstseins und schreibt per Improvisation selbst an seiner Rolle mit.

Zum *Prolog* wird der morgendliche Blick in den Spiegel, bei dem das denkende Ich, noch vom Schlaf benommen, sich fragt, was für ein Körper das ist und wie er zu verschönern wäre – nicht etwa um Anderen, sondern zunächst einmal dem Ich zu gefallen. Was ist ein schöner Körper? Einer, der bejahenswert erscheint. Jegliche Arbeit an der Schönheit zielt darauf, den Zustand zu erreichen, in dem ein Mensch sich bejahen kann. Die bange Frage: »Bin ich schön?« ist nicht in jedem Fall übergroßer Eitelkeit geschuldet, sondern hat Bedeutung für die Beziehung des Ich zu sich selbst. Schön ist der Körper, der mit all seinen Eigenheiten bejaht werden kann.

Die Schönheit kommt in der Sinnlichkeit am sichtbarsten zum Vorschein. Im *ersten Akt* des alltäglichen Theaters tritt daher der Körper in seiner sinnlichen Existenz auf. Das denkende Ich kann sich in seiner Körperlichkeit selbst sehen, hören, riechen, schmecken und mit Händen berühren. Die Fülle der sinnlichen Selbstwahrnehmung zeugt von der Zuwendung und Zuneigung, die das Ich sich zuteilwerden lässt. Vor allem die Selbstberührung ist ein Ausdruck der Freundschaft mit sich selbst und sollte nicht allzu sparsam ausfallen, denn der Körper hungert nach dieser Form der Aufmerksamkeit.

Sich mit Selbstberührung körperliche Lust zu verschaffen, gelingt ganz unspektakulär bereits morgens, wenn das Selbst sich alle Zeit der Welt nimmt, um den Körper zu pflegen und ihm beim Waschen wohlzutun. Auffällig ist, wie häufig das Ich sodann, nicht immer voll bewusst, den ganzen Tag über die Selbstberührung sucht, meist mit einer unscheinbaren Bewegung der Hand, die über die Wangen streicht, an der Stirnhaut kratzt, an den Ohrläppchen zupft, in den Haaren wühlt. Zuweilen wird der Kopf in die Hände gelegt, um mit der Berührung das Denken zu stützen. Selbstberührung hilft auch, wenn eine Körperstelle schmerzt: Die aufgelegte eigene Hand kann den Schmerz lindern und ihn womöglich auflösen.

Zuweilen wird der Kopf in die Hände gelegt, um mit der Berührung das Denken zu stützen.

Eine andere Art der Selbstberührung ist die, über die selten gesprochen wird. Es muss ja nicht auf offener Bühne sein wie einst in der Antike bei Diogenes, von dem es im Buch *Leben und Meinungen berühmter Philosophen* des Diogenes Laertios heißt, er habe auf dem Marktplatz von Athen onaniert und zugleich bedauert, den Hunger im Magen nicht ebenso leicht loswerden zu können, indem er sich den Bauch reibe. In der Geschichte der Philosophie hatte dieses schamlose Verhältnis zur sexuellen Selbstberührung keinen Bestand: Immanuel Kant sah darin im ausgehenden 18. Jahrhundert, ganz Kind seiner Zeit, eine abscheuliche Naturwidrigkeit. In seiner Vorlesung *Über Pädagogik*, eigentlich einer Anleitung, »freimütig zu sein« und »sich selbst zu führen«, verwarf er den erotischen Aspekt der Selbstberührung gänzlich: Nichts schwäche Geist und Körper mehr als »die Art der Wollust, die auf sich selbst gerichtet ist«.

In der späteren Moderne wird, entdramatisiert, eine Variante der Entspannung daraus. Die Erotik im Umgang mit sich umfasst darüber hinaus die gesamte Sinnlichkeit, angeregt und befriedigt etwa durch Stoffe und Kleidungsstücke, die anzuschauen und zu befühlen sind. Im *zweiten Akt* des alltäglichen Theaters wird daher das Ankleiden durchgespielt, eine Selbstberührung mit anderen Mitteln. Ein Grund für die Wahl der Kleidung kann die Darstellung des Schönen und Bejahenswerten für sich wie für Andere sein. Die Art, sich zu kleiden, ist eine Ausdrucksform für das innere Befinden, dem auf der Oberfläche des Körpers entsprochen und mit dem zugleich eine Wirkung bei Anderen erzielt werden kann. Umgekehrt wirkt die Kleidung mit ihren Formen und Farben auf das innere Befinden und das gesamte Selbstsein zurück – Kleider machen Selbste. Fühlt ein Mensch sich nicht wohl in seiner Haut, ist damit oft nicht der Körper, sondern die zweite Haut der Kleidung gemeint, die ihm an sich selbst nicht gefällt, zu sehr Objekt bleibt und nicht mit ihm als Subjekt verschmilzt.

»Mode« ist der Versuch, in immer neuen Modifikationen Zweithäute für die Selbstberührung von Menschen bereitzustellen. Ein *Modus des Seins* wird damit jeweils entworfen, eine Art und Weise des Lebens, die mit äußeren Formen die Möglichkeiten des inneren Selbstseins zu modifizieren erlaubt. Darin besteht der tiefere Sinn der scheinbaren Oberflächlichkeit. Das Leben ist nie nur ein nacktes *Dass*, sondern immer auch ein *Was* und *Wie*, ein Stil der Existenz, des Anziehens und Auslebens. Die körperliche Präsentation ist ein Spiel mit der Enthüllung wie auch Verhüllung des Selbst, ein Theaterstück für den eigenen Blick wie auch für die Blicke Anderer, die das Selbst streifen und damit flüchtig berühren. Allerdings werden die immer wieder anderen Formen und Farben allzu rasch mit inneren Umformungen und Wandlungen des Ich gleichgesetzt, die so mühelos nicht zu haben sind. Selbst kreativ zu sein und die Mode selbst zu entwerfen, statt sich bei einer vorgefertigten Mode zu bedienen, könnte eher solche Tiefenwirkungen mit sich bringen.

Im *dritten Akt* des alltäglichen Theaters werden Modifikationen am Körper selbst vorgenommen, um ihn mit diversen Accessoires, mit Schmuckstücken für das Auge oder Wohlgerüchen für die Nase auszustatten. Mit berührungsintensiven Künsten der Kosmetik können Lippen, Augenlider, Wimpern, Brauen, Finger- und Zehennägel bearbeitet werden, um dem Recht des Körpers auf Zuwendung Genüge zu tun und Signale an Andere zu senden, wie das Selbst wahrgenommen werden will.

Eine beliebte Form von körperlichen Veränderungen ist die Gestaltung der Haare, die gerne professionellen Haarkünstlern anvertraut wird. Die wissen, dass es vielen Kundinnen und Kunden weniger um die Haare, mehr um die Berührung der Kopfhaut geht, die wohltuend auf ihre Ichs zurückwirkt. Es ist ASMR (Autonomous Sensory Meridian Response), ein angenehmes Kribbeln, das bei tiefer Entspannung in der Kopfhaut empfunden wird. Frauen scheinen die Kraft der Berührung in diesem Sinne etwas häufiger erfahren zu wollen. Männer haben sich mehr auf die Gesichtshaut und ihre regelmäßige Berührung mit Pinsel, Nassrasierer oder Rasierapparat spezialisiert.

Nicht so alltäglich fällt der *letzte Akt* des Theaterstücks aus, bei dem mit ganz anders gearteten Berührungen in den Körper eingegriffen wird. Kein bloß von außen angebrachter Schmuck steht dabei in Frage, vielmehr soll der Körper selbst zum Schmuckstück werden, das dem Selbst gefällt und womöglich auch Andere beeindruckt. Das ist beispielsweise mit einem ausdauernden

Training zu realisieren, das ausgewählte Körperpartien modifiziert und modelliert.

Endgültig zum Kunstwerk wird der Körper jedoch mit mehr oder weniger schmerzhaften Manipulationen an ihm. Eine verbreitete Methode dafür ist die *Body-Art* der Tattoos, für die das Selbst den einschlägigen Künstlern seine Körperoberfläche komplett oder partiell zur Verfügung stellt. Noch weitergehende Eingriffe in den Körper sind Schönheitsoperationen, die ein Chirurg mit harten Schnitten und zarten Berührungen vollzieht, um das äußere Erscheinungsbild eines Menschen nach dessen Wünschen zu gestalten. Es ist denkbar, dass die utopischen Energien, die einst Träume von einer besseren Gesellschaft speisten, noch für einige Zeit die individuelle Vervollkommnung von Körpern vorantreiben.

Fraglos steht jedem Menschen nach der modernen Befreiung von Vorgaben der Tradition, Konvention und Religion die Möglichkeit offen, nach Belieben mit seinem Körper umzugehen. Es könnte aber im klugen Eigeninteresse liegen, diese Freiheit vorsichtig zu gebrauchen, um nicht

Konsequenzen tragen zu müssen, die problematischer als ein unperfekter Körper sein könnten. Wenn es um körperliche Schönheit geht, ist Perfektion kein realistisches Ziel, schon weil weiterhin mit Alterungsprozessen zu rechnen ist. Anstatt mit aller Macht mit einer äußeren Wohlgestalt glänzen zu wollen, könnte die Arbeit an einer inneren Schönheit bessere Resultate erbringen. Diese Schönheit strahlt aus den Augen, gewinnt mit den Jahren noch an Attraktivität und kann körperliche Einbußen mühelos übertrumpfen. Berührungsstarke Beziehungen helfen dabei.

4.
Einander berühren: Der immer neue Anfang der Liebe

Wenn Liebende sich berühren, ist die Kraft der Berührung am stärksten zu erfahren. Die Berührung kann zärtlich oder, wenn es den Beteiligten gefällt, auch heftig ausfallen. Durch die gesamte Oberfläche der Haut, die strahlenden Augen, den lächelnden Mund, das gehauchte Wort, den Vertrauen erweckenden Duft, die streichelnde Hand brechen Energien hervor und dringen durch die Sinnesöffnungen von Augen, Ohren, Nase und Poren der Haut in den jeweils Anderen ein. Die Liebe wird besiegelt vom Geschmack des Mundes bei der Erfahrung des Küssens, das die Gefühle in Wallung bringt und die Liebenden in eine Trance versetzt, in der sie sich und ihre Umgebung vollkommen vergessen.

Aus guten Gründen ist der Austausch von Berührungen ein wesentliches Element der Kunst des Liebens. Die Energien, die den Berührenden wie den Berührten *elektrisieren*, lassen beide empfinden, wie sehr sie einander bejahen: Berührung macht schön. Hormone wie Dopamin und Noradrenalin erzeugen ein Gefühl der Euphorie mit kokainähnlicher Wirkung. Endorphine bauen Stress ab und hellen die Stimmung auf. Die wohlige Nähe und Vertrautheit geht mit einer Ausschüttung von Prolaktin und Oxytocin einher. Schon im Vorfeld der möglichen intimen Begegnung zaubern diese Stoffe Schmelz in die Stimme, malen Pastellfarben in die Augen und kleiden die Haut in Samt und Seide. All das nimmt ganz von selbst seinen Lauf. Wo Hormone wirksam sind, bedarf es keiner Gründe mehr.

Mit Blicken, Worten und Berührungen kommt das Geschehen in Gang, der Romantiker Novalis hat die Abfolge im ausgehenden 18. Jahrhundert beschrieben: »Der *Blick* – (die Rede) – die *Händeberührung – der Kuss – die Busenberührung – der Grif an die Geschlechtstheile* – der Act der Umarmung« (*sic!*, in: Novalis, *Über die Liebe*,

Sammelband, 2001, 84). Aus all der Zärtlichkeit und Heftigkeit resultieren die allseits beliebten *rosaroten Stunden* der Liebe. Und doch kann die Ekstase nicht zum Alltag werden. Die Art, in der die Liebenden sich berühren, lebt von Kontrasten: Das Stirnrunzeln berührt auf andere Weise als das Lächeln. Der weniger schöne Anblick ruft die Sehnsucht nach dem Schönen wieder hervor. Die erhobene Stimme lässt den zuvor gehörten Wohlklang vermissen. Der unangenehme Geruch oder Geschmack setzt Fliehkräfte frei. Und zuletzt markiert die unerwünschte, zudringliche, gewaltsame Berührung eine absolute Grenze der Beziehung.

Alles wieder auf Anfang. Die vorsichtig tastende Berührung öffnet nach einer Auszeit erneut die Seele, dieses nebulöse Gebilde, das so schwierig zu fassen ist und doch von entscheidender Bedeutung für die Beziehung der Liebenden ist. Auf dem Umweg über das Äußere ist das Innere gut zu erreichen, sofern der Andere den Weg freigibt. In einer Art von angewandter Psychosomatik kann in der Liebe *Soma*, der Körper, zum Ansatzpunkt werden, um Wirkungen auf die *Psyche*, die Seele, zu erzielen. Ein Blick, ein Wort, eine Fingerspitze, eine Geste, eine Aufmerksamkeit erreicht die Seele des Anderen und versetzt ihre Energien in Schwingungen, und dies umso mehr, je mehr der Anstoß dazu von einer Seele ausgeht, die ein Element ihrer Hingabe darin sieht, etwas von ihrer Energie abzugeben.

Liebe beginnt nicht nur mit Berührungen, sondern kann mit ihnen auch zurückerobert und von Neuem begonnen werden. Stockende, erstarrte Energien kommen wieder in Fluss durch eine Berührung, die an der Oberfläche bleibt und doch viel tiefer geht. Die Bearbeitung einer körperlichen Verspannung löst seelische Verspannungen auf, schließt das verschlossene Innere auf, bringt Gefühle in Bewegung und ermuntert Gedanken zur Äußerung. Die Physiotherapie, die die Liebenden sich selbst verschreiben, wird zu einer Form von Paartherapie. Dass die Bereitschaft zur Berührung in direkter Relation zur Haltbarkeit der Beziehung steht, ist eine Erkenntnis von Psychotherapeuten wie von Neurobiologen.

Wenn es gelingt, mit der körperlichen Berührung die seelischen Energien wieder zu aktivieren, wird aus der Arbeit am Körper eine Beseelung des Fleisches, eine *Inkarnation* im wörtlichen Sinne. Neue Kräfte durchströmen die Liebenden und lassen sie einander nahe sein. Ohne Berührung aber droht die Entseelung, die *Exkarnation*, bei der die Energien aus den Körpern entweichen, nicht etwa erst am Ende des Lebens, sondern schon zu Lebzeiten, sei es in einzelnen Momenten oder ganzen Lebensphasen. Berührung weckt Gefühle und lässt sie aufleben, das Fehlen von Berührung aber lässt sie ersterben.

Berührung weckt Gefühle und lässt sie aufleben, das Fehlen von Berührung aber lässt sie ersterben.

Wo nicht nur die Körper mit ihren Sinnen, sondern auch die Seelen mit ihren Gefühlen sich berühren, geht es um mehr als bloß um eine Nacht. Fühlen ist eine Möglichkeit, den unfassbaren Reichtum der Seele wahrzunehmen, der in der Liebe in ganz anderem Maße fühlbar wird als in jeder anderen Art von Beziehung. Geht es körperlich darum, Liebe zu machen, so auf seelischer Ebene darum, Liebe zu fühlen, deren Energie in anregenden, aufregenden, erregenden Gefühlen zum Ausdruck kommt.

Liebe ist, wenn die Energien sich ergänzen und überlagern, sodass jede und jeder in der Beziehung über mehr Energie verfügt als für sich allein. Allerdings halten die Energien so wenig still wie Flammen. Gefühlsintensive Zeiten sind die *roten Stunden* der Liebe, in denen die Energie auflodert, gefolgt von anderen Zeiten, in denen eine kleine Flamme das Feuer hoffentlich nicht erlöschen lässt. Wer ein bewegtes Gefühlsleben wünscht, ist mit einer Beziehung der Liebe auf dem richtigen Weg. Aus der großen Spannweite der emotionalen Regungen bezieht sie einen guten Teil ihrer mitreißenden Spannung.

Die Berührung zwischen den Liebenden kann außerdem nicht nur eine körperliche und seelische, sondern auch eine geistige sein. Die geistige Berührung sorgt für die Verbundenheit in Gedanken, die auch in schwierigen Zeiten darin besteht, an den Anderen zu denken, ihn gedanklich zu umfangen und bei sich zu wissen, für den Anderen mitzudenken, gemeinsam mit ihm zu denken, auch gegen ihn anzudenken und ihn auf jede Weise gedanklich zu berühren. »Alle geistige Berührung gleicht der Berührung eines Zauberstabs« (Novalis, *Über die Liebe*, 2001, 57).

Die geistige Berührung kann in *blauen Stunden* intensiviert werden, die die Liebenden in nicht allzu großen Abständen arrangieren, um sich von ihren Erfahrungen und Überlegungen zu erzählen und sich auf »aktuellen Stand« zu bringen. Das ermöglicht ihnen, auch bei unterschiedlichen Arbeitswelten auf Tuchfühlung zu bleiben, an den Erfahrungen des jeweils Anderen teilzuhaben, seine Veränderungen mitzuvollziehen und sie in die Beziehung einzubeziehen. So ist am ehesten zu verhindern, dass die Liebenden, die doch guten Willens sind, sich unmerklich voneinander entfernen und irgendwann bemerken, dass sie sich nichts mehr zu sagen haben, ohne sich erklären zu können, wie es dazu gekommen ist.

Frühzeitig heben sie mit blauen Stunden gleichsam beiläufig ihre Beziehung, die vielleicht zu verflachen droht, wieder auf eine andere Ebene. Im geistigen Austausch werden Energien frei, die das gemeinsame Leben bestärken und dort, wo Verletzungen geschehen sind, heilsame Wirkung entfalten. Auf gedanklicher Ebene sind die Liebenden in der Lage, sich von einer momentanen Erfahrung zu lösen und die Situation wie von außen zu betrachten, um sie nach allen Seiten hin zu durchdenken. Wird dieser Ebene Bedeutung zuerkannt, kann die Beziehung reflektiert, interpretiert und neu justiert werden, vor allem dann, wenn im Durcheinander der Gefühle Ratlosigkeit, Enttäuschung und Verzweiflung überhandnehmen.

Im Geistigen kann die Liebe dauerhaft sein und auch dann noch fortdauern, wenn die Körper welk werden und die Gefühle nicht mehr überquellen vor Leidenschaft. Jedenfalls so lange, wie zumindest einer über die Kraft verfügt, an der geistigen Berührung festzuhalten. Platon hatte gute Gründe dafür, dieser Ebene des Eros in seinem Buch über die Liebe, *Symposion*, eine privilegierte Stellung zuzuweisen. Der Begriff der »platonischen Liebe« ging daraus hervor. Die geistige Berührung verbürgt, was viel später auch Shakespeare der Liebe abverlangte: Kein »Narr der Zeit« zu sein (*Love's not Time's fool*, 116. Sonett).

Sowohl in der anfänglichen als auch in der reifen Liebe ist der Gipfelpunkt jedoch zweifellos die Verschmelzung miteinander, bei der die Liebenden sich nicht mehr voneinander zu unterscheiden wissen. Mit ihr geht die Berührung, die eine Zweiheit voraussetzt, in ein wirkliches Einssein über, wenn auch nur für einen Moment. Jede Festigkeit, die begrifflich zu fassen wäre, zerfließt bei der Empfindung reinen Seins in einem Meer von Energie, in dem die Ichs aufhören zu existieren. Alle begrenzte, endliche Wirklichkeit bleibt zurück bei diesem Überschreiten der Schwelle, diesem »Transzendieren« ins Unbegrenzte, Unendliche.

Über die Biologie, Chemie und Physik hinaus kommt damit eine *Metaphysik der Liebe* in den Blick. In diesen *purpurnen Stunden* der Beziehung, von denen Oscar Wilde in einem Brief einmal sprach (Richard Ellmann, *Oscar Wilde*, 1991, 752), steht die Zeit nicht etwa still, es gibt sie schlicht nicht mehr. Diese Erfahrung ist unverfügbar, sie kann nicht »gemacht« werden. Sie überkommt die Liebenden oder bleibt aus. Nur die Voraussetzungen dafür lassen sich wieder und wieder mit körperlichen, seelischen und geistigen Berührungen bereitstellen.

Der Sinn der Liebe ist die Schaffung von Sinn. Das vollbringen die Liebenden mit dem gesamten Zyklus der Berührungen vom Herantasten im Körperlichen, Seelischen und Geistigen bis hin zur innigen Verschmelzung, bevor alles wieder von vorne beginnt. Diejenigen können lange zusammenbleiben, die mit den Zyklen der Liebe zu leben lernen. Die Berührung auf allen Ebenen zu erfahren, ist den Liebenden vorbehalten. Eine gefühlte Berührung der besonderen Art ist jedoch auch abseits der Liebe möglich und erscheint den meisten Menschen bei alltäglichen Begegnungen höchst wünschenswert.

5.
Gefühlte Berührung: Vom Lachen und Lächeln

Es berührt, wenn ein Anderer lacht. Es berührt angenehm, wenn ich mitlachen kann, jedoch unangenehm, wenn mir selbst überhaupt nicht zum Lachen zumute ist. Was gibt es da zu lachen? Irgendwann bin ich selbst der Lachende und die Anderen müssen sich nun dazu verhalten. Denke ich in diesem Fall daran, was ich ihnen zumute? Ich selbst bin keineswegs nur berührt, sondern völlig überwältigt von meinem Lachen, das aus den Tiefen des Bauchraums hervorbricht und mit seinen Vibrationen das immer verspannte Zwerchfell dermaßen durchschüttelt, dass es wehtut, bevor es sich endlich entspannt.

Was ist das Lachen? Schwer zu sagen, es entzieht sich dem Zugriff der Reflexion. In der Neurobiologie wird es als »subkortikales« Phänomen verdächtigt, das heißt als etwas, das sich unterhalb der anspruchsvolleren Hirnregionen abspielt. Wären seismographische Messungen möglich, würden sie wohl im Voraus schon ein leichtes Beben in den Tiefen des Körpers aufzeichnen. Dann wird die wohlgestaltete, ebenmäßige Symmetrie des Gesichts bis zum Äußersten gespannt und schließlich zerrissen. Was unter der Oberfläche kochte, spritzt fontänenartig hervor wie die Lava aus einem Vulkan.

Der Mensch vergisst sich lachend. Kurz entschlossen verlässt er das Gefängnis seiner selbst, um für einen Moment ein Anderer zu sein. Unversehens wirft er den Kopf weit zurück, die Brustpartie weitet sich, er holt tief Luft. Der Mund, der sonst die nuanciertesten Laute von sich gibt und ein Ort des wohlformulierten Ausdrucks ist, tut sich weit auf und entlässt ein schallendes, rhythmisch wiederholtes Geräusch, disproportioniert und irregulär.

Stoßweise bricht das Lachen hervor und zeichnet Linien ins Gesicht, die vorher nicht zu sehen waren, sich mit der Zeit aber eingraben. Die

»Lachfalten« charakterisieren einen Menschen wie sonst nur seine Unterschrift.

Selten weiß das Lachen das rechte Maß zu wahren, Menschen »platzen vor Lachen«. Es greift auf Andere über und »steckt sie an«. Es ist eine Krankheit mit schlimmen Folgen, denn man lacht sich »kaputt«, ja, sogar »tot«. Überlebt man, droht eine Epilepsie: Man »schüttelt sich vor Lachen«. Der Krampf, den verwunderte und entsetzte Beobachter schon oft beschrieben haben, verzerrt nicht nur die Gesichtszüge zu Grimassen, sondern befällt sämtliche Hirnareale, lässt Neuronen wild durcheinanderfeuern wie bei einem Silvesterfeuerwerk und löst Synapsen aus ihrer festen Verklammerung. Und doch ist das Lachen vielleicht gerade aus diesem Grund eine Medizin. Sollte es eine Krise im Verhältnis des Selbst zu sich sein, dann eine heilsame. Es wirkt befreiend. Es heilt die verletzte Seele. Es öffnet das Herz und stellt mühelos die Brücke zu Anderen her. Wer lacht, schüttelt alles Gewesene ab und gewinnt neue Kraft. Der Ernst der Lage pausiert für einen entscheidenden Moment, in dem es möglich ist,

Atem zu schöpfen und mit dem Unernst wieder Spielraum zu gewinnen. Die Situation ist aussichtslos? Dass ich nicht lache!

»Eine ernste Kunst ist Lachen«, war Nietzsche überzeugt (Nachlassfragment vom Frühjahr 1882). Er bemühte sich wirklich ernsthaft um sie, auch wenn ihm die praktische Umsetzung der theoretischen Einsicht nicht leichtfiel. Einmal lachte er vermutlich unfreiwillig mithilfe eines ominösen Mittels aus Java, das er von einem alten Holländer 1884 in Sils-Maria erhielt. Einem Bericht seiner Schwester zufolge musste er sich, als er ein paar Tropfen zu viel davon einnahm, plötzlich auf den Boden werfen, da die Erheiterung in eine Art Lachkrampf ausartete (Pia Daniela Volz, *Nietzsche im Labyrinth seiner Krankheit*, 1990, 164 ff.). Fortan begnügte er sich damit, seine künftigen Jünger zum Lachen zu ermuntern. Im »Versuch einer Selbstkritik« (1886) zur *Geburt der Tragödie* forderte er: «Ihr solltet vorerst die Kunst des *diesseitigen* Trostes lernen, – ihr solltet *lachen* lernen, meine jungen Freunde.«

Dabei ist Lachen nicht gleich Lachen, es gibt

vielmehr eine Vielzahl von Varianten davon, die Menschen auf unterschiedliche Weisen berühren können, je nachdem, mit welchem Gefühl das Lachen vermischt ist: Fröhlichkeit, Zorn, Liebe, Hass, Neid, Hohn, Triumph etc. Keineswegs ist Lachen immer gleichzusetzen mit Freude, es kann auch mit Verzweiflung einhergehen. Nicht selten ist es durchsetzt mit Sarkasmus und wird »das böse Lachen« genannt, das denen, die es hören, einen Schauder über den Rücken jagt. Das erinnert daran, dass das Lachen seit jeher auch eine Form von Grausamkeit ist, wie alle wissen, die schon einmal ausgelacht worden sind. Etwas davon schallt noch aus dem höhnischen, spöttischen Lachen der Kritik hervor, das den Betroffenen schmerzlich berührt.

Das befreite Auflachen lässt eine große Spannung mit einem Mal in nichts zerstieben, alle Beteiligten sind freudig berührt. Seltener ist das grelle Lachen des Wahnsinns zu hören, dessen Grund niemand recht kennt und das eher peinlich berührt, da es nicht eingeordnet werden kann. Verbreiteter ist das infantile Lachen, das nicht unbedingt das Lachen des Kindes ist, sondern aus einer Verlegenheit resultiert, wenn schwierige Situationen größer sind als das Ich, das sie bewältigen muss. Und schließlich ist das Lachen ein geselliges Phänomen, in solchem Maße sogar, dass es als pathologisch gilt, allein für sich zu lachen. Was alle berührt, begründet Gemeinschaft, ja, Komplizenschaft. Im gemeinsamen Berührtsein finden Freunde zueinander und es kommt vor, dass sie dabei über Dritte lachen. Aber das Band zwischen ihnen zerreißt, wenn einer über den Anderen lacht, statt mit ihm.

Der Art, in der Menschen lachen und damit Andere berühren, kann eine subversive Kraft innewohnen. Werden Einzelne, Gruppen oder Parteien allzu mächtig, fürchten sie aus diesem Grund das Gelächter mehr als jeden konventionellen Feind. Eine Herrschaft bedarf irgendwelcher Waffen, aber was ist, wenn sie dem entwaffnenden Lachen preisgegeben ist? In einer gewissen Gegnerschaft zum Pathos des Erhabenen kann es Machtverhältnisse durchkreuzen. Jede aufgeblasene Bedeutsamkeit zerplatzt an seiner Nadelspitze. Es ist so wenig zu fassen, wie es zu begreifen ist. Selbst von einer totalitären Herrschaft kann es nicht zunichtegemacht werden. Der Sultan, der jeden verklagt, der sich über ihn lustig macht, macht sich selbst lächerlich. Konnte nicht auch »der Führer« erst in jenem tödlichen Ernst aufleben, den eine im Lachen ungeübte Gesellschaft ihm zugestand? Die verschämten »Flüsterwitze« über ihn konnten übel enden, aber nicht für ihn, sondern für die, die sie erzählten, und ich bin nicht sicher, ob ich selbst es gewagt hätte, sie weiterzuverbreiten.

Mehr oder weniger ist das Lachen ein Element jeder Kultur, aber nicht immer wird es kultiviert, nicht immer geschätzt. Lange galt es in der christlichen Kultur als Sache des Teufels. Womöglich wurden die Apostel und frühen Christen für ihre Weltsicht dermaßen verlacht, dass sie das Lachen dem Teufel zuwiesen. Es drang aus dem Abgrund des Bösen hervor und stand mit Lüsten und Sünden im Bunde. Das »satanische Gelächter« ist seither zum Begriff geworden, aber das konnte dem Lachen nichts anhaben. Es ist unverwüstlich. Wer nach dem Lachen sucht, um sich davon berühren zu lassen, wird in der Kulturgeschichte fündig, die die Geschichte seiner großen Augenblicke erzählt.

Dem Lachen im Mittelalter widmete Jacques Le Goff, ein Vertreter der *Nouvelle histoire*, einige Studien. Der Kultur der Renaissance war es vorbehalten, mit anderen antiken Künsten auch die des Lachens zu erneuern. Petrarca legte ganze Witzarsenale nach dem Vorbild Plutarchs an. Novellen erzählten Zoten und Späße von einer kaum zu übertreffenden Rohheit und Bosheit. Die Erfindung von Possen wurde geradezu zum Beruf. Man begegnet in dieser Geschichte Gestalten wie Don Quichotte und Sancho Pansa sowie Autoren wie François Rabelais und François Villon. Die Kultur der Aufklärung ist undenkbar ohne Molière, der es schon im 17. Jahrhundert für wichtig hielt, lachend die Verhältnisse zu durchschauen, und damit wohl mehr bewirkte als so manche theoretische Abhandlung. Im 19. Jahrhundert widmete Honoré de Balzac sein ganzes Werk der *Comédie humaine*, und Charles Baudelaire meinte, es gäbe keine Komik mehr, dächte man sich den Menschen aus der Schöpfung weg.

Im 20. Jahrhundert lebte das Lachen im Medium des Films neu auf, mit Buster Keaton und Charlie Chaplin, die noch lange nach ihrem Tod Menschen so sehr berühren können, dass Lachsalven die Körper erschüttern. Auch Karl Valentin wusste sich des Mediums zu bedienen, als er ein ums andere Mal die Lunte an die Sprengsätze hielt, die im banalen Alltag überall herumliegen. Heinz Ehrhardt und Loriot (Vicco von Bülow) begeisterten über Jahrzehnte hinweg die deutschen Fernsehzuschauer, und doch zeigt sich bei manch einem Sketch im Nachhinein, wie zeitgebunden die Anlässe zum Lachen sein können.

Humor ist der Humus, auf dem Menschen besonders gut gedeihen.

Eine Disposition namens *Humor* ist der Kunst des Lachens förderlich und berührt Andere so angenehm, dass sie Sympathie empfinden, denn sie wissen: Von diesem Menschen ist nichts zu befürchten, er ist zur Distanz zu sich in der Lage, ein freier Geist. Humor ist der Humus, auf dem Menschen besonders gut gedeihen. Das Problem ist nur, dass nicht alle Menschen darüber verfügen und niemand einfach *ad hoc* entscheiden kann, Humor zu haben oder nicht. Wie ist es möglich, an ihm wenigstens teilzuhaben, wenn er schon aus genetischen und anderen Gründen nicht gegeben ist? Im Kabarett. In der Komödie und Melanchomödie.

Da diese im Alltag nicht jederzeit aufgesucht werden können, bedarf es eines beweglicheren Mittels, um der Kunst des Lachens frönen zu können. Ein solches ist der Witz. Der Witz berührt blitzartig. Vorausgesetzt, die Pointe zündet. Entgegen dem ersten Anschein ist das keine einfache Angelegenheit. Die Zündung hängt nicht allein vom Erzähler, sondern auch vom Augenblick und von geeigneten Umständen ab. Die Kunst besteht darin, etwas zu sagen, womit keiner gerechnet hat. Es handelt sich um eine unvermutete Verknüpfung, eine plötzliche Erhellung, ein Spiel mit der Doppeldeutigkeit, eine Verschiebung der Bedeutung, eine augenzwinkernde Erklärung in maximaler Verdichtung. Während die Einen dann gar nicht mehr aufhören können zu prusten, sind die Anderen ratlos und ringen sich allenfalls aus Verlegenheit die höfliche Andeutung eines Lachens ab.

So war es auch bei jenen Clochards, die eines Tages zur Überzeugung kamen, dass das endlose Erzählen der immer gleichen Witze eine lästige Angelegenheit geworden sei. Sie beschlossen, die Witze durchzunummerieren und nur noch die jeweils aktuelle Nummer aufzurufen, worauf alle pflichtschuldigst zu lachen hätten, eine durchrationalisierte Lachveranstaltung. Die umfangreiche Liste reichte bis zur Nummer 100, das Spiel konnte beginnen. »101!«, rief da einer. Alle schwiegen und schauten betreten. »Warum lacht ihr denn nicht?«, fragte der Scherzbold in gespielter Empörung: »Das ist ein neuer!«

Der Witz geht verloren, wenn er erst die lange Leitung des Nachdenkens überwinden muss. Zündet er nicht, kann das daran liegen, dass da gar kein Witz ist, oder aber daran, dass jemand mit dem Denken nicht fertig wird. Umgekehrt aus einer kurzen Wegstrecke vom Witz zum Gelächter zu schließen, das Lachen könne nicht denken, wäre ein Kurzschluss. Das impulsive Lachen denkt schneller als das denkende Ich. Die gewitzte Erkenntnis der Zusammenhänge durchzuckt das Gehirn schlagartig, während das Ich noch die ganze mühsame Strecke ausgiebiger Reflexion durchmisst. Wenn dem Lachen alle Vernunft abgestritten wird, dann nur deswegen, weil es sich einer anderen Vernunft bedient, die nicht die üblichen Denkwege passiert. Die lachende Vernunft macht sich lustig über die umständliche Rationalität, die alle Vernunft für sich allein in Anspruch nimmt.

Die Alternative zum lauthalsen Lachen aber ist das *Lächeln*, das kontrollierter und aus diesem Grund viel nuancierter eingesetzt werden kann. In seiner Zartheit berührt es Menschen oft kraftvoller als das deftige Lachen. Es ist keine bloße Affektäußerung, sondern eine bewusst gewählte Haltung, die in der Mimik zum Ausdruck kommt. Auf den Lippen liegt es und spielt in Mundwinkeln, in allen Variationen schimmert es aus den Augen. Auf zauberhafte Weise öffnet es den Menschen, sowohl denjenigen, der das Lächeln erkennen lässt, als auch den Anderen, der es versteht. Nicht immer kommt es von Herzen, manchmal auch aus einem Kalkül. Es kann Distanz zu einer Situation wahren und Ausdruck einer Distanz des Selbst zu sich sein oder, wenn das Selbst es will, auch Andere auf Distanz halten.

Die ganze Skala des Lächelns führte ein amerikanischer Film vor Augen, der zunächst als lächerliche Collegestory aus dem Jahr 1953 daherkam, 2003 aber wohl aus innenpolitischen Gründen gedreht wurde, um junge Frauen auf den drohenden Verlust ihrer Freiheiten in einer konservativer werdenden Gesellschaft aufmerksam zu machen. Julia Roberts als Kunsthistorikerin Katherine Watson verkörperte darin den weiblichen Freigeist, der so sanft wie entschieden auf seinen erlangten Freiheiten besteht, ihnen jedoch auch Formen zu geben weiß, zu denen das souveräne Lächeln gehört: *Mona Lisas Lächeln* (Regie Mike Newell).

Eine ganze Enzyklopädie des Lächelns wurde von der großartigen Schauspielerin mit dem charakteristischen Mund in diesem Film durchgespielt, changierend oft in einem einzigen Moment, berührend auf immer andere Weise. Sie führte vor, dass ein Lächeln eiskalt und geradezu »bewaffnet« sein kann, aber auch warmherzig und entwaffnend. Dass es schüchtern ausfallen kann oder verlegen, andeutend, abwartend, aufgesetzt, halbherzig, nervös, erstaunt, verschmitzt, ironisch, freundlich, freudig, traurig, vertrauensvoll, zärtlich, kokettierend, lasziv, verschwörerisch, verständnisvoll, einverstanden, nachdenklich, tapfer, herausfordernd, bestimmt, überlegen, überheblich, wissend, besorgt, befreit, verzweifelt, abweisend, abschätzig, zynisch, missbilligend, nachsichtig, wohlwollend, amüsiert, strahlend, triumphierend.

So fein kann das Lächeln sein, dass es kaum mehr wahrnehmbar ist und nicht mit Gewissheit gesagt werden kann, ob es überhaupt noch ein Lächeln ist. Für einen Moment gelingt Julia Roberts genau dieser seltsame Ausdruck der Mona Lisa, als sie vor einer Reproduktion des Bildes von

Leonardo da Vinci sitzt. Die berühmte Dame lächelt, weil sie frei ist. Ein schmerzliches Lächeln vielleicht, in dem ebenso viel Freude wie Wehmut erahnbar ist: Freude über die Freiheit, über die sie verfügt, Wehmut über die Anstrengung, die ihr das freie Leben abverlangt. In der Vielfalt des Ausdrucks und in der Fähigkeit zur Berührung ist das Lächeln verbündet mit dem Schweigen.

6.
Zutiefst berührt:
Vom Schweigen

Eine ganze Weile in meinem Leben habe ich überlegt, den Angelschein zu machen. Nicht etwa, um Fische zu fangen, Gott bewahre, ich kann keinem Tier etwas zuleide tun, außer Stechmücken. Ich wollte lediglich ungestraft schweigen können, stundenlang, tagelang. Im sozialen Umgang wird Schweigen tendenziell als abweisend, ignorant oder arrogant bewertet, dem wollte ich entkommen. Ganz nebenbei wollte ich meinem Beruf als Philosoph nachgehen, denn das Schweigen charakterisiert den Philosophen, verkündete Boethius im 6. Jahrhundert n. Chr. Jedenfalls wird ihm mit Bezug auf das Werk *Trost der Philosophie* (*Consolatio philosophiae*) diese Äußerung zugeschrieben: *Si tacuisses, philosophus mansisses.* »Hättest du geschwiegen, wärst du ein Philosoph geblieben.«

Streng genommen hielt er sich selbst nicht an diese Auffassung, denn er schwieg ja nicht, aber so ist es nun mal: Wer über das Schweigen sprechen will, muss es brechen, Grundproblem jeder Rede über das Schweigen. Auch ich mache das hier, um ein paar Überlegungen dazu anzustellen, wie und mit welcher Kraft das Schweigen Menschen berühren kann. Gelegenheiten für diese Berührung bieten sich viele, aber jede Art des Schweigens berührt auf andere Weise. Es gilt herauszufinden, was in der jeweiligen Situation vorgeht und wie sich das auf die unmittelbar Beteiligten und Andere auswirkt. Durch Versuch und Irrtum, Praxis und Reflexion kann im Laufe des Lebens eine Kunst des Berührens und Berührtwerdens durch Schweigen erlernt werden. Um dann wieder schweigend das Schweigen zu betrachten.

Grundsätzlich erscheint es hilfreich, über beide Optionen zu verfügen, Reden *und* Schweigen. Herrscht das Reden alleine vor, geschieht das auf Kosten derer, die das Schweigen vorziehen: Sie zählen nicht, obwohl sie vielleicht viel zu sagen hätten. Herrscht das Schweigen alleine vor, geschieht das auf Kosten derer, die gerne reden würden, aber es nicht wagen dürfen. Sagt ein Mensch nie etwas, entzieht er sich der Fassbarkeit, die für den Umgang mit ihm hilfreich wäre. Stets alles zu sagen, beweist wiederum eine Geschwätzigkeit, die nicht an sich halten kann. Mehr als der, der zu viel redet, erscheint derjenige vertrauenswürdig, der auch zu schweigen weiß. Wer schweigen kann, ist wohl der reflektiertere Mensch, denn mehr als das Reden ermöglicht das Schweigen, sich zu besinnen, daher sind »stille Wasser tief«.

Schwierig ist jedoch die Rollenverteilung, die nur beim Reden klar ist: Einer spricht, der Andere hört zu. Beim Schweigen lässt sich die aktive nicht immer von der passiven Seite unterscheiden. Wer schweigt wen wie an, und wer hört dem Schweigenden zu und antwortet ihm auf welche Weise? Es ist nicht einmal ausgemacht, dass Reden und Schweigen Gegensätze sind. Das Schweigen kann viel sagen. Das Reden wiederum wird von einem Schweigen durchwoben, von all dem, was ein Mensch nicht sagt, während er doch spricht. Zwischen vielen Worten kann ein Verschweigen listig verborgen sein. So interessant wie die Gründe, die bei einer Argumentation für oder gegen eine Position ins Feld geführt werden, sind die anderen Gründe, die unausgesprochen bleiben, absichtsvoll oder nicht.

Die Art und Weise, in der das gesprochene Wort berührt, ist gut wahrnehmbar und kann klar benannt werden: »Du meinst also, ich bin ein Idiot!« Weniger gut wahrnehmbar, allenfalls energetisch spürbar ist, wie das Schweigen einen Menschen berührt. Ratlosigkeit kann die Folge sein: Was meint der, der jetzt nichts sagt? Häufig vergisst der Schweigende, dass sein Schweigen einen Anderen erreicht, der sich fragt, was das alles bedeutet: Ist es belanglos? Ist es eine Chimäre? Ist er überhaupt gemeint? Eine Kunst des Schweigens könnte dazu verhelfen, auf bewusstere Weise davon Gebrauch zu machen: Auf welche Art schweige ich wann, wie lange, worüber, gegenüber wem, in welcher Situation und mit welcher Intensität?

Eine harmlose Art ist das *ephemere*, beiläufige, absichtslose und vorübergehende Schweigen ohne besonderen Grund, vielleicht nur der Abwechslung halber und um nicht immer reden zu müssen. Gleichwohl kann es unangenehm berühren, wenn es Missverständnisse hervorruft. Ein Anderer kann den Eindruck gewinnen, die Kommunikation werde abgebrochen, aber warum? Ein Wort der Erklärung hilft: »Ich brauche eine Pause.«

Einem Anderen zugewandt oder aber gegen ihn gerichtet, in jedem Fall absichtsvoll, ist das *intentionale* Schweigen, das nur dann angenehm berührt, wenn es Wohlwollen ausdrückt. Ohne ein Wort zu sagen, signalisiert man damit: »Ich finde es gut, wie du bist und was du machst.« Im ungünstigeren Fall ist es abwertend gemeint: »Einfach unmöglich, wie du bist und was du tust.« Oder die Absicht des Schweigenden entspringt dem Kalkül des Klügeren, keine Verstimmung zu riskieren: »Dazu sage ich jetzt lieber nichts.« Alles ist damit gesagt.

Wenn der Schweigende bewusst über seine Motive im Unklaren lässt und sogar darüber, ob es welche gibt, ist es ein geheimnisvolles, rätselhaftes, *enigmatisches* Schweigen, das die Angeschwiegenen mit Unruhe und Ungewissheit berührt. Das Schweigen kann jedoch ebenso von einem leidvollen Berührtsein des Schweigenden selbst herrühren und ist dann ein schmerzhaftes, *doloröses* Schweigen, bei dem schon der bloße Kraftaufwand eines Wortes unverhältnismäßig groß erscheint. Vielleicht kann er gar kein Wort für das finden, was er erfährt oder erfahren hat. Oder es ist ein *resignatives* Schweigen, wenn er glaubt, es habe keinen Sinn mehr zu sprechen, sodass er das Reden verweigert.

Den Schluss markiert ein *finales* Schweigen: Nichts mehr zu sagen, alles in sich zu verschließen, schweigend wegzugehen, womöglich sogar auf diese Weise aus der Welt zu scheiden und Andere damit dermaßen hart zu berühren, dass sie eine Wunde fürs Leben davontragen.

Ein gemeinsames *Beschweigen*, das alle gleichermaßen berührt, kann Gemeinschaft stiften: Diejenigen, die sich schweigend verstehen, wissen um ihre Zusammengehörigkeit. Ein *Ver-*

schweigen aber kann Gemeinschaft zerbrechen lassen, wenn ein Verbergen der wahren Verhältnisse, ein Verdrängen dessen, was wirklich ist, Andere brüskiert. Feindschaft wiederum kann von einem *Anschweigen* begleitet werden, einem unheilvoll brütenden oder offen feindseligen Schweigen. Sowohl das Anschweigen als auch das Verschweigen kann eine bewusste Machtausübung sein, um den Betroffenen zu verunsichern und zu demütigen.

Schweigen ist ein Mittel der Macht, mit dem ein Mensch absichtsvoll berührt werden kann.

Schweigen ist ein Mittel der Macht, mit dem ein Mensch absichtsvoll berührt werden kann. Das Schweigen kann ihm abverlangt werden: »Du darfst mit niemandem darüber reden.« Dem von außen veranlassten *heteronomen* Schweigen, gegen das ein Mensch sich nicht gut wehren kann, steht das *autonome* gegenüber, das dem Inneren des Menschen selbst entspringt. Es kann einer äußeren Macht entgegengesetzt und auch als eigene Macht gegen einen Anderen eingesetzt werden, der im Unklaren bleibt über das, was ihn sehr wohl betrifft. Das Schweigen, das zum Angriff oder zur Abwehr dient, ist ein *murales* Schweigen, das geradezu eine »Mauer des Schweigens« errichtet, sei es autonom in der Privatsphäre oder heteronom in der Gesellschaft, die über etwas nicht sprechen soll.

Die gewöhnliche Schwelle eines momentan herrschenden Schweigens ist nicht schwer zu überwinden, etwa bei einem Gespräch, das zum Stillstand gekommen ist. Das Schweigen lässt sich brechen, indem das Wort ergriffen wird, auch wenn es schwerfällt. Weit schwieriger ist die Überwindung eines Schweigens aus Scham, etwas gemacht zu haben, das nicht gut zu rechtfertigen ist. Manche Menschen bringen aus diesem Grund ihr ganzes Leben schweigsam zu. Oder sie schweigen, weil es ihrer Veranlagung entspricht und weil sie nicht wollen, dass Andere in ihr Leben eindringen. Mit ihrem *existenziellen* Schweigen wollen sie das Eigenste ihrer Existenz für sich behalten. Was auch immer es sein mag, sie wollen es nicht mitteilen und auch auf keine andere Weise mit Anderen teilen. Oder mangelt es ihnen an Worten, in die sie es fassen könnten?

Das Schweigen, so viel wird deutlich, kann sowohl den, der es praktiziert, als auch den, der davon betroffen ist, zutiefst berühren. Mehr als das Reden kann es vielleicht auch »den Sinn« bewahren, die Fülle der Bezüge und Zusammenhänge, die typisch für Menschen wie für Dinge und Situationen sind. Das Schweigen legt sie nicht Satz für Satz auseinander wie die Sprache. Es folgt nicht den Regeln der Syntax und Semantik und erst recht nicht der Notwendigkeit einer zeitlichen Abfolge. Jede Sprache ist ein Kind der Zeit, jedes Wort ist ein Moment, und sobald es ausgesprochen ist, ist es schon Vergangenheit und ruft die Sehnsucht nach einer neuen Gegenwart wach. Keine Sprache ist in der Lage, die Ganzheit dessen zum Ausdruck zu bringen, wovon das Schweigen in jedem Augenblick erfüllt ist.

In so mancher berührenden Situation kann es ratsam sein, still zu werden, »in sich zu gehen«, das innere Gespräch zu führen und darauf aufmerksam zu sein, was im eigenen Selbst und darum herum vor sich geht. Im Schweigen ist ein Mensch ganz bei sich. Er sammelt seine Gefühle und Gedanken, ohne sie im Reden zu zerstreuen. Die leiseren Stimmen beginnen in ihm zu sprechen, die sich lange zurückgehalten haben oder nicht gehört wurden, während andere Stimmen schreiend ihr alltägliches Geschäft erledigten. Um ihre Begrenztheit wissen die lauten Stimmen insgeheim natürlich selbst: Das ist der Grund für ihre Lautstärke. Die leisen Stimmen dagegen sprechen aus einer unendlichen Weite heraus, die ohne die Stunden der Stille nicht erfahrbar wäre. »Nichts ist groß, das nicht zugleich auch still wäre«, meinte einst Seneca (*Vom Zorn*, I, 21).

Das ist die eigentliche Kunst des Schweigens: Der Weite Raum zu geben. Die Weite, die sich in der Stille auftut, macht die Enge der eigenen Endlichkeit vergessen, die viele Menschen bedrückt, sodass sie beginnen, unentwegt zu reden, nach dem Motto: »Solange ich rede, lebe ich.« Die Erfahrung des Schweigenden aber ist eine ganz andere: »Solange ich schweige, fühle ich mich als Teil der Unendlichkeit über mein Leben hinaus.« Sich immer wieder davon berühren zu lassen, ist auch mit einer stillen Lektüre möglich.

7. Gedankliche Berührung: Von der Kunst des Lesens

Auf stille Weise kann alles berühren, was geschrieben wird, vermittelt durch Zeichen und auch durch das, was zwischen den Zeilen zu lesen ist. Mit jedem, der ein spannendes Buch liest, geschehen bemerkenswerte Dinge. Die Lektüre zieht ihn in ihren Bann, er verlässt seine gewohnte Welt und fängt an, in einer anderen zu leben, die nicht weniger Wirklichkeit für sich beansprucht als die ihm vertraute. Die gesamte umgebende Realität findet sich zur Disposition gestellt, der Lesende tritt in ein vorgestelltes Leben ein, dem er sich in einer Weise hingibt, wie es nur bei einem Verhältnis der Leidenschaft möglich ist. Er vertieft sich in die Lektüre ganz so, wie er sich auch verliebt: Plötzlich, brüsk, mitten hinein. Die Gedanken sind gefesselt, Gefühle melden sich zu Wort.

Wie jede Lust ist auch die des Lesens gewalttätig und exzessiv: Der Kopf ist nicht mehr von den Seiten wegzubekommen, eine Genickstarre ist wahrscheinlicher als ein einziges Hochblicken. Eigentlich wollte man der Faszination nur für einen Moment folgen, aber ehe man sich's versieht, hat man sich schon festgelesen. Die scheinbar kargen Buchstaben wecken überströmende Empfindungen und schreiben sich dem Selbst ein, das diese Prägung nicht mehr vergisst. Wenn es in der Lebenskunst um einen maßvollen Gebrauch der Lüste geht, dann sicherlich auch bei dieser Lust, die wie Essen, Trinken und Aphrodisia nicht nur ein Zuwenig, sondern auch ein Zuviel kennt. Im zweiten seiner *Briefe an Lucilius über Ethik* warnte Seneca davor, es zu übertreiben: »Überfluss an Büchern, Verstimmung des Geistes.«

Das Lesen ist, wie das Schreiben, wie das Gespräch, eine Form von Berührung durch Gefühle, Gedanken, Vorstellungen, Träume und Ideen. Ein Buch zur Hand zu nehmen und die Seiten umzublättern, ist zudem mit einer sinnlichen Berührung verbunden, die in modifizierter Form auch bei einem *E-Book* möglich ist. Die sinnlich-seelisch-geistige Berührung macht die Lektüre zur erfüllenden Erfahrung, ausgehend von der Bereitschaft eines Menschen, sich berühren zu lassen, denn nur dann wirken die Zeichen auf ihn ein. Er glaubt, eine Geschichte zu lesen, und erhält in Wahrheit Aufschlüsse über das Menschsein und sich selbst.

Nicht nur die erzählte Geschichte lebt in ihm auf, sondern auch seine eigene, die er sich auf dem Umweg über die gelesene Erzählung selbst zu erzählen beginnt. Die Geschichte seines Lebens kommt beim Lesen buchstäblich zu Wort. Die Zeichen sagen, was er längst sagen wollte, und zugleich sagen sie noch etwas Anderes. Sie entführen ihn mit der verführerischen Klarheit der Buchstaben in einen unabsehbar weiten, weißen Raum der Möglichkeiten. Dort bringen sie ihn in Berührung mit dem, was er ahnte und wonach er sich sehnte, ohne sich zu fragen, ob die wirkliche Erfahrung beglückend oder enttäuschend ausfallen würde. Unmerklich fliegen ihm im Laufe der Lektüre Möglichkeiten zur Gestaltung seiner selbst zu, und er beginnt sie stillschweigend zu nutzen. Angeregt verweilt er im offenen Raum der Möglichkeiten auch dann noch, wenn das Buch längst auf seinen Schoß niedergesunken ist.

Es gibt Diskussionen darüber, ob ein Leser die wahre Bedeutung eines Textes zu entziffern vermag und ob es diese »wahre Bedeutung« überhaupt gibt. Aber wichtiger ist, dass das Lesen stattfindet, dass dabei Zeichen gedeutet werden und anhand ihrer Konstellationen ein Mensch sich auf seinen Weg macht. Das übliche Drama der Beziehungen spielt sich auch in der Beziehung zwischen Mensch und Zeichen ab, ausgehend von der ersten Begegnung, dem Näherkommen und Vertrautwerden, bis hin zur Entfremdung und Trennung, bevor die Erinnerung einsetzt und die Sehnsucht nach einer erneuten Begegnung und Berührung sich bemerkbar macht.

Seit seiner Erfindung ist Lesen das Auffinden, Aufnehmen und Auslegen von Zeichen, die ein Anderer zu einer anderen Zeit hinterlassen hat. Es bedeutet, eine Spur zu lesen und darüber nachzudenken, was sie sagt. In den Zeichen verbirgt sich ein Anderer, und Lesen heißt, sich von dessen Stimme ansprechen und berühren zu lassen. Die Berührung ist ein Anstoß dafür, die eigene Sprache zu finden. Der Andere spricht mit mir und lässt sich von mir Fragen stellen, antwortet ausweichend oder direkt, tanzt aufdringlich auf der Bühne der Buchseite oder versteckt sich verschämt zwischen den Zeilen. Was er in den Text niedergelegt hat, kann ich durch den Akt des Lesens in mein Selbst übernehmen, vermittelt durch mein Verständnis, das nicht mit seinem Verständnis identisch sein muss.

Demjenigen, der zu oft nur die eigene Stimme hört, kann das Lesen eine andere Stimme nahebringen. Wozu? Um ein reicheres Selbst zu gewinnen, denn es bleibt arm, wenn es nichts Anderes in sich aufzunehmen vermag. Die Aufnahmefähigkeit wird größer mit einem Selbst, das nicht auf seiner unantastbaren *Identität* besteht, sondern sich als *Integrität* versteht, die in dem Maße verändert und erweitert werden kann, wie es sich nicht dabei verliert. So wird es allmählich zu einer Ansammlung der Impulse, die es in sich aufgenommen hat und mit deren Hilfe es sich ständig revidiert und reformuliert. Ein filigranes Gebilde entsteht auf diese Weise. Irgendwann erreicht das Selbst den Punkt, an dem es nicht mehr zu unterscheiden weiß zwischen den Zeichen, Sätzen und Gedanken, die aus ihm selbst hervorgehen, und jenen, die es von Anderen übernommen hat.

Aus diesem Grund erscheint das Lesen so unverzichtbar: Weil das Lesen des eigenen Selbst, des Lebens und der Welt damit verbunden ist. In Frage steht das Aufnehmen der Wirklichkeit und zahlloser Möglichkeiten, die zeichenhaft gedeutet werden. In keinem Fall bleibt der, der liest, der scheinbaren Selbstverständlichkeit der Gegenwart verhaftet. Ein immenser Raum der Reflexion wird mit der Lektüre gewonnen: Kraft der Berührung auf geistiger Ebene. Mit dem Lesen entwickelt ein Mensch, was zusammengewickelt als Potenzial, als reine Möglichkeit in ihm ruht. Darin besteht ein guter Teil der *Bildung*, die immer schon mit dem Lesen verknüpft war. Nichts Anderes heißt *Belesenheit*: Möglichkeiten des Lebens durch das Lesen zu erschließen und einen größeren Horizont des Denkens und Existierens aufzutun, in dem Fragen und Antworten, Probleme und Lösungen sich erörtern und erproben lassen.

Neurobiologisch gesehen regt das Lesen die Bildung von Synapsen an, mit deren Hilfe Neuronen sich berühren, die für sich allein keinen Gedanken denken können. Ein weitläufiges Netz von Zusammenhängen im Gehirn erzeugt ein weit verzweigtes Wurzelwerk von Vorstellungen, innerhalb derer ein Mensch sich gedanklich frei bewegen kann. Er findet Antworten auf seine Fragen und vermag vielfältige Beziehungen zu Anderen und zu etwas Anderem als dem Gegebenen herzustellen. Wie von einem anderen Ort kehrt er nach der Lektüre zu sich zurück, bleibt der gleiche und ist doch nicht mehr derselbe. Vom »Einfluss« ist dann die Rede, den ein Buch auf ihn und sein Leben ausgeübt hat. Die Berührung durch die Lek-

Ein immenser Raum der Reflexion wird mit der Lektüre gewonnen: Kraft der Berührung auf geistiger Ebene.

türe formt seine Seinsweise neu. Michel de Montaigne sah daher im 16. Jahrhundert den Gewinn des Lesens in der Übung, durch die ein Mensch etwas aus sich selbst macht: »Die Bücher haben mir weniger zur Belehrung denn zur Übung gedient« (*Essais* III, 12).

Die Geschichte des Lesens verdeutlicht, welche Stadien diese Übung über Jahrhunderte hinweg durchlaufen hat. Lesen meinte lange das *gemeinsame, äußerliche Lesen*, das aus der Antike stammte und in Klöstern gepflegt wurde. Es war ein lautes Lesen mit sichtbarer Bewegung der Lippen und sinnlicher Erfahrung der Stimme, durch die der Text sprach und das Selbst von außen berührte. Die wiederholt vollzogene Lektüre vermittelte eine nachhaltige Berührung.

Mit der entstehenden Moderne aber verbreitete sich das *individuelle, innerliche Lesen*, bei dem ein Mensch geradezu in den Text hineinschlüpft, sich darin formt und transformiert. Die Tätigkeit des Lesens wirkt nicht mehr von außen auf ihn ein, sondern berührt ihn in seinem Inneren, eine Verinnerlichung und Vereinzelung des Lesens in der stillen Stube und vielleicht in der noch stilleren Einsamkeit der Nacht, die jede Berührung enorm intensiviert.

Und doch meldet sich, wenn das Innerliche dermaßen privilegiert wird, das Äußerliche wieder zu Wort: Der Körper fordert sein Recht und verlangt nach Berührung, meist im Modus der Selbstberührung. Die Sinne wollen mitlesen. Die Hand fährt über die Stirn und durch die Haare, Fingernägel werden gedankenverloren gekaut. Der Blick schweift ab. Der Körper will nicht still sitzen, also muss der oder die Lesende aufstehen, hin und her gehen, das Gelesene wiederkäuen, es überdenken und im wirklichen Sinne sich einverleiben. Ein Spaziergang setzt die geistige Berührung in körperliche Bewegung um, andernfalls drohen die Zeichen nirgendwo Halt zu finden und den Körper zu durchqueren wie ein Reigen flüchtiger Teilchen. Die Bewegung im Rhythmus der Worte aber prägt sich der gesamten Gestalt ein und wird zum Bestandteil des Selbst, das sich davon nicht mehr zu unterscheiden weiß.

Die Verbreitung von Druckwerken in immer

größerer Zahl in der Neuzeit und Moderne war dem individuellen, innerlichen Lesen sehr förderlich. Vom massenhaften Berührtsein der Menschen durch die virtuelle Welt der Buchstaben erhofften sich die Aufklärer im 18. Jahrhundert den entscheidenden Anstoß zur Veränderung der realen Welt. Die Arbeit des Einzelnen an sich selbst mithilfe der Lektüre sollte zur Ausgangsbasis einer Erneuerung der Gesellschaft werden.

Zugleich spaltete sich die individuelle, innerliche Form der Lektüre auf in eine *subjektivierende*, bei der vor allem die Gefühle von Menschen durch Erzählungen berührt werden, sowie eine *objektivierende*, bei der vor allem die Gedanken von Menschen durch die Wissensvermittlung zu bestimmten Themen in Sachbüchern berührt werden.

Mit der objektivierenden Art des Lesens verbreiteten sich Methoden der punktuellen und kursorischen Lektüre. Einzelne Passagen wurden herausgegriffen, ohne auf das Darumherum, den »Kontext«, zu achten. Eine große Zahl von Texten konnte auf diese Weise »verarbeitet« werden. Die *intensive, wiederholende Lektüre* desselben Textes (etwa der Bibel), wie sie für andere Zeiten typisch war, wurde von der *extensiven, fortschreitenden Lektüre* immer neuer und anderer Texte abgelöst. Damit vollzog sich allerdings auch der Übergang von einer nachhaltigen zu einer allenfalls noch flüchtigen geistigen Berührung. Die Texte bedeuteten den Menschen nichts mehr. Unbewusste Versuche, sie sich trotz objektivierender Lektüre dennoch wieder subjektivierend anzueignen, waren in Angewohnheiten des Unterstreichens einzelner Sätze, des Glossierens, Marginalisierens und Exzerpierens noch erkennbar.

Die objektivierende Art des Lesens dominiert im 21. Jahrhundert den Umgang mit Texten in elektronischen Medien. Der Zeitraum, der einer Lektüre gewidmet wird, verkürzt sich auf Minuten und Sekunden, die für ein Berührtsein nicht mehr ausreichen. Was an Menge der verarbeiteten Texte gewonnen wird, wird an Wirkung auf das Selbst verloren und bringt es der völligen Erschöpfung näher. Das digitale Selbst weicht aus auf Bilder, eine Art von Zeichen, deren Aufnahme weniger anstrengend ist, aber mit einem Verlust an detaillierter Information und Kommunikation einhergeht. Letzten Endes wird das Lesen von Texten Maschinen überlassen, deren Textverarbeitung vollkommen objektiv bleibt. Sie denken sich nichts dabei, empfinden nichts, zählen nur Silben und Wörter und verfassen sinnlose Antwortschreiben an Menschen, die mit ihrem Anliegen hilflos allein bleiben. Das Aufnehmen und Verarbeiten von Zeichen hat nichts mehr mit einer Arbeit an sich selbst zu tun. Was soll aus dem Selbst werden, wenn es von keinem Text mehr berührt wird?

Welche Bedeutung die Berührung durch Lektüre hat und ob sie in der visuellen Welt digitaler Medien ersetzbar ist oder sich tatsächlich als unverzichtbar erweist, lässt sich nur experimentell in Erfahrung bringen. Jeder Mensch kann selbst Versuche anstellen und Schlüsse daraus ziehen. Neue Möglichkeiten werden zu entdecken sein, die teilweise die alten sind, aber in neuer Form. Der Rückgriff auf vergangene Künste und ihre Verknüpfung mit Neuerfindungen hat schon einmal eine Renaissance hervorgebracht. Sollte die Kulturtechnik des Lesens aber endgültig der Vergangenheit angehören, tastet dies das Bedürfnis nach Berührung nicht an. Gerade im Moment des Verlusts zeigt sich am deutlichsten, was wesentlich für das Leben ist. Menschen brauchen Berührung, und zwar auf allen Ebenen: Körperlich, seelisch, geistig und wohl auch metaphysisch. Nur auf diese Weise können sie die Gefängnisse ihrer Ichs verlassen. Die Berührung hat eine große Zukunft vor sich.

Zum Autor

Wilhelm Schmid, geboren 1953 in Billenhausen (Bayerisch-Schwaben), lebt als freier Philosoph in Berlin. Umfangreiche Vortragstätigkeit, seit 2010 auch in China, Südkorea, Indien, Taiwan. 2012 wurde ihm der deutsche Meckatzer-Philosophie-Preis für besondere Verdienste bei der Vermittlung von Philosophie verliehen, 2013 der schweizerische Egnér-Preis für sein bisheriges Werk zur Lebenskunst. Er studierte Philosophie und Geschichte in Berlin, Paris und Tübingen. Viele Jahre lehrte er Philosophie als außerplanmäßiger Professor an der Universität Erfurt. Zusätzlich war er tätig als Gastdozent in Riga/Lettland und Tiflis/Georgien sowie als philosophischer Seelsorger am Spital Affoltern am Albis in der Nähe von Zürich/Schweiz.
www.lebenskunstphilosophie.de. @lebenskunstphil

Buchpublikationen

Selbstfreundschaft. Wie das Leben leichter wird, 2018, Insel Verlag.

Vom Schenken und Beschenktwerden, 2017, Insel-Bücherei.

Das Leben verstehen. Von den Erfahrungen eines philosophischen Seelsorgers, 2016, Suhrkamp Taschenbuch.

Von den Freuden der Eltern und Großeltern, 2016, Insel-Bücherei.

Vom Nutzen der Feindschaft, 2015, Insel-Bücherei.

Sexout. Und die Kunst, neu anzufangen, 2015, Insel Verlag.

Vom Glück der Freundschaft, 2014, Insel-Bücherei.

Gelassenheit. Was wir gewinnen, wenn wir älter werden, 2014, Insel Verlag.

Dem Leben Sinn geben. Von der Lebenskunst im Umgang mit Anderen und der Welt, 2013, Suhrkamp Taschenbuch.

Unglücklich sein. Eine Ermutigung, 2012, Insel Verlag.

Liebe. Warum sie so schwierig ist und wie sie dennoch gelingt, 2011, Insel Verlag.
Die Liebe atmen lassen. Von der Lebenskunst im Umgang mit Anderen, 2013. Ursprünglich unter dem Titel: *Die Liebe neu erfinden*, 2010, Suhrkamp Taschenbuch.
Ökologische Lebenskunst. Was jeder Einzelne für das Leben auf dem Planeten tun kann, 2008, Suhrkamp Taschenbuch.
Glück. Alles, was Sie darüber wissen müssen, und warum es nicht das Wichtigste im Leben ist, 2007, Insel Verlag.
Die Fülle des Lebens. 100 Fragmente des Glücks, 2006, Insel Taschenbuch.
Die Kunst der Balance. 100 Facetten der Lebenskunst, 2005, Insel Taschenbuch.
Mit sich selbst befreundet sein. Von der Lebenskunst im Umgang mit sich selbst, 2004, Suhrkamp Taschenbuch.
Schönes Leben? Einführung in die Lebenskunst, 2000, Suhrkamp Taschenbuch. Neue Ausgabe 2017, Suhrkamp Pocket.

Philosophie der Lebenskunst – Eine Grundlegung, 1998, Suhrkamp Taschenbuch Wissenschaft.
Was geht uns Deutschland an? Ein Essay, 1993, Edition Suhrkamp.
Auf der Suche nach einer neuen Lebenskunst, 1991, Suhrkamp Taschenbuch Wissenschaft.
Die Geburt der Philosophie im Garten der Lüste, 1987, Suhrkamp Taschenbuch.

 Bezugspapier: shutterstock, Berlin. Gesetzt in der Schrift Adobe Garamond Pro. Gedruckt auf holzfreies, alterungsbeständiges Werkdruckpapier der Firma LENK Paper Schleipen GmbH, Bad Dürkheim, von der Memminger MedienCentrum AG, Memmingen. Gebunden in Fadenheftung von der Josef Spinner Großbuchbinderei GmbH, Ottersweier. Printed in Germany.
Erste Auflage 2019. ISBN 978-3-458-20522-7

Insel Verlag Anton Kippenberg GmbH & Co. KG,
Torstraße 44, 10119 Berlin.
info@insel-verlag.de
www.insel-verlag.de